A LITTLE JAMIE BOOK

Celebrate with Me
Celebra conmigo

INDEPENDENCE DAY

DÍA DE LA INDEPENDENCIA

Mitchell Lane
PUBLISHERS
P.O. Box 196
Hockessin, Delaware 19707
Visit us on the web: www.mitchelllane.com
Comments? email us:
mitchelllane@mitchelllane.com

Mitchell Lane
PUBLISHERS

Printing   1   2   3   4   5   6   7   8   9

A LITTLE JAMIE BOOK

Celebrate with Me

Christmas
Independence Day
Memorial Day
Thanksgiving

Celebra conmigo

Navidad
Día de la Independencia
Día de los Caídos
Acción de Gracias

Library of Congress Cataloging-in-Publication Data applied for.

ABOUT THE AUTHOR: Elizabeth Scholl writes educational books and magazine articles for children, teachers, and parents. She has a master's degree in early childhood and elementary education, and spent over fifteen years as a classroom teacher and school administrator. Elizabeth was an early childhood teacher in New York City, where she taught in a bilingual, multicultural program on the Lower East Side of Manhattan. She lives in New Jersey, just outside New York.

ACERCA DE LOS AUTORES: Elizabeth Scholl escribe libros educativos y artículos para revistas, dirigidos a niños, padres y maestros. Elizabeth tiene una maestría en educación preescolar y primaria, y durante quince años, ejerció de maestra y de administradora de escuela. Elizabeth fue maestra de preescolar en la ciudad de Nueva York, donde enseñaba un programa bilingüe y multicultural en el Lower East Side de Manhattan. Vive en Nueva Jersey, muy cerca de Nueva York.

ABOUT THE TRANSLATOR: Eida de la Vega was born in Havana, Cuba, and now lives in New Jersey with her mother, her husband, and her two children. Eida has worked at Lectorum/Scholastic, and as editor of the magazine *Selecciones del Reader's Digest*.

ACERCA DE LA TRADUCTORA: Eida de la Vega nació en La Habana, Cuba, y ahora vive en Nueva Jersey con su madre, su esposo y sus dos hijos. Ha trabajado en Lectorum/Scholastic y, como editora, en la revista *Selecciones del Reader's Digest*.

PLB

Celebrate with Me
Celebra conmigo

INDEPENDENCE DAY
DÍA DE LA INDEPENDENCIA

BY/POR
ELIZABETH SCHOLL

TRANSLATED BY/
TRADUCIDO POR
EIDA DE LA VEGA

Before our country was called the United States of America, it was a collection of thirteen colonies. King George III of England ruled the thirteen colonies. The colonists wrote the Declaration of Independence, which said they wanted to be independent, or separate, from England. They fought for this freedom in a war called the American Revolution.

Nueva Escocia

NS

(Mass)

NH

NY MASS

CT RI

PROVINCE OF QUEBEC

PROVINCIA DE QUEBEC

PA

NJ

MD

DE

Línea de Proclamación de 1763
Proclamation Line of 1763

VA

NC

INDIAN RESERVE

Reserva India

SC

GA

W FLA
oeste de la Florida

E FLA
este de la Florida

Antes de que nuestro país se llamara Estados Unidos de América, era un conjunto de trece colonias. El rey Jorge III de Inglaterra gobernaba estas trece colonias. Los colonos escribieron la Declaración de Independencia, que decía que querían ser independientes o estar separados de Inglaterra. Los colonos lucharon por esta libertad en una guerra llamada la Guerra de Independencia.

The colonists who wrote the Declaration of Independence stated that the thirteen colonies were forming their own country. They wanted independence from England because King George's laws were unfair. The Declaration of Independence was adopted on July 4, 1776.

Los colonos que escribieron la Declaración de Independencia plantearon que las trece colonias formaban su país. Querían ser independientes de Inglaterra porque las leyes del rey Jorge eran injustas. La Declaración de Independencia se adoptó el 4 de julio de 1776.

Americans celebrate Independence Day, the birthday of the United States, on July 4. There are parades and fireworks. People fly American flags and put up red, white, and blue decorations. Many families and friends get together and enjoy barbecues or picnics.

Independence Day

Los estadounidenses celebran el Día de la Independencia, el cumpleaños de Estados Unidos, el 4 de julio. Hay desfiles y fuegos artificiales. La gente ondea banderas estadounidenses y coloca decoraciones rojas, blancas y azules. Muchas familias y amigos se reúnen y disfrutan de barbacoas y comidas campestres.

CANADA/
CANADÁ

UNITED STATES/
ESTADOS UNIDOS

FRANCE/
FRANCIA

JAMAICA

MEXICO/
MÉXICO

BRAZIL/
BRASIL

GHANA

United States citizens aren't the only ones who celebrate their country's independence. People in many countries around the world mark their country's birth as the day they became free from rule by another country.

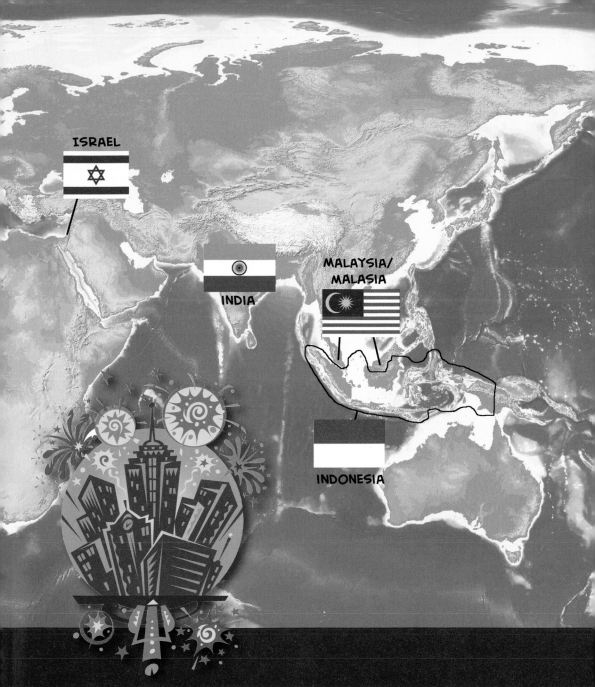

Los ciudadanos de Estados Unidos no son los únicos que celebran la independencia de su país. Personas de todos los países del mundo señalan el nacimiento de su país como el día en que se liberaron del gobierno de otro país.

El Grito de Dolores, which marked Mexico's independence, is celebrated on September 16. Lights decorate the Zócalo, or central plaza, of the city. Music is played, and people eat traditional Mexican foods—like guacamole with tortilla chips. At midnight, the president of Mexico rings a bell and shouts cheers of independence, similar to those heard in 1810.

El Grito de Dolores, que marcó el día de la independencia de México, se celebra el 16 de septiembre. El Zócalo, o plaza central de la ciudad, se decora con luces. Se toca música y la gente come comida tradicional como guacamole y totopos. A medianoche, el presidente de México toca una campana y da vivas a la independencia, parecidos a los que se oyeron en 1810.

On July 1, Canadians celebrate Canada Day, Canada's birthday since 1867. People in Canada do many of the same things to celebrate Canada Day that Americans do on the Fourth of July.

Families and friends get together for picnics and barbecues, wave flags, and watch parades and fireworks displays.

El 1 de julio, los canadienses celebran el Día de Canadá, que es el cumpleaños de Canadá desde 1867. Ese día, la gente en Canadá hace muchas cosas parecidas a las que hacemos aquí para celebrar el 4 de julio. Las familias y los amigos organizan comidas campestres y barbacoas, ondean banderas y miran desfiles y fuegos artificiales.

July 14 is Bastille Day, a French holiday that commemorates, or remembers, the beginning of the French Revolution in 1789. A huge parade takes place along a street in Paris called the Champs Elysées. At night there is a fireworks display at the Eiffel Tower. It is one of the biggest in the world. Firehouses in France open their doors to people for Bastille Day dances.

El 14 de julio es el Día de la Bastilla, una festividad francesa que conmemora, o recuerda, el inicio de la Revolución Francesa en 1789. Un enorme desfile se celebra en una calle de París llamada los Campos Elíseos. Por la noche hay despliegue de fuegos artificiales en la Torre Eiffel. Es uno de los más grandes del mundo. Las estaciones de bomberos abren sus puertas ese día para que la gente celebre bailes del Día de la Bastilla.

In India, Independence Day, or Swatantrata Divas, marks the day India became independent from Great Britain in 1947. On August 15, people all over India celebrate with parades and performances of traditional dances and music. Many Indian families celebrate by eating a holiday meal together.

En la India, el Día de la Independencia, o Swatantrata Divas, marca el día en que la India se independizó de Gran Bretaña en 1947. El 15 de agosto, la gente de toda la India lo celebra con desfiles y representaciones de música y bailes tradicionales. Muchas familias indias preparan una comida especial y comen juntos.

Independence Day in Ghana is celebrated on March 6, the day on which Ghana became free from Great Britain in 1957. Ghanaians dress up for Independence Day in red, yellow, and green, the colors of the flag of Ghana. They enjoy traditional songs, dancing, and drumming. Some people listen to speeches, and in the evening they watch fireworks.

El Día de la Independencia en Ghana se celebra el 6 de marzo, el día en que Ghana se liberó de Gran Bretaña en 1957. Ese día, los ghaneses se visten de rojo, amarillo y verde, que son los colores de la bandera de Ghana. Disfrutan de canciones tradicionales, bailes y toques de tambor. Algunos escuchan discursos y, por la noche, miran los fuegos artificiales.

September 7 is Brazil's Independence Day. On this day in
1822, Brazil became independent from Portugal. Brazilian
people celebrate all day long at carnivals. Balloons and
streamers decorate homes and streets. People wave
Brazilian flags and wear green and yellow, the nation's
colors.

*El 7 de septiembre es el Día de la Independencia de Brasil.
Ese día, en 1822, Brasil se independizó de Portugal. Los
brasileños se pasan todo el día en carnavales. Globos y
banderines decoran calles y casas. La gente agita la
bandera brasileña y se pone ropa de color verde y amarillo,
que son los colores de la nación.*

August 17 celebrates Hari Proklamasi Kemerdekaan, Indonesia's independence from the Netherlands in 1945. Dancers perform at the Presidential Palace in Jakarta. *Panjat Pinang* is played, a race in which people try to climb poles covered with oil to reach prizes at the top. Indonesian children enjoy *krupuk*-eating contests. Crackers called *krupuk* are hung from a string, and the children try to eat them without using their hands.

El 17 de agosto se celebra Hari Proklamasi Kemerdekaan, fecha en que Indonesia se independizó de los Países Bajos en 1945. Se ejecutan danzas en el Palacio Presidencial de Yakarta. Se celebra *Panjat Pinang*, una competencia en la que la gente trata de subir a postes untados con aceite para alcanzar los premios que están en la parte superior. Los niños indonesios disfrutan de competencias en las que se come *krupuk*. Los *krupuk*, que son una especie de galletas, se cuelgan de una cuerda, y los niños tratan de comerlos sin usar las manos.

Israel's declaration of independence was signed in 1948. Yom Ha'atzmaut, Israel's Independence Day, occurs between the 3rd and 6th of the Jewish month Iyar, which falls between April 15 and May 15. A ceremony is held on Mount Herzl, a hilltop and national cemetery, with dancers and fireworks. People go to the beach, fly Israeli flags, and watch their air force planes fly overhead.

La declaración de independencia de Israel se firmó en 1948. Yom Ha'atzmaut, el Día de la Independencia de Israel, se celebra entre el tercer y el sexto día del mes judío de Iyar, que cae entre el 15 de abril y el 15 de mayo. Se celebra una ceremonia con bailarines y fuegos artificiales en el monte Herzl, una colina donde está el cementerio nacional. La gente va a la playa, hace ondear banderas israelíes y mira el desfile de aviones de la fuerza aérea.

Jamaican Independence Day, on August 6, celebrates Jamaica's independence from Great Britain in 1962. Jamaican people dress in colorful costumes, and they dance to reggae music. Traditional Jamaican foods such as sugarcane, jerk chicken and pork, and roast fish are enjoyed. Drummers of the Jamaica Regiment perform.

El 6 de agosto, Jamaica celebra el Día de la Independencia, fecha en que se liberó de Gran Bretaña en 1962. Los jamaicanos se visten con trajes de colores y bailan reggae. También disfrutan de comidas tradicionales como la caña de azúcar, pollo o cerdo cocinado con especias jamaiquinas y pescado asado. El Regimiento de Jamaica toca los tambores.

In Malaysia, August 31 is called Hari Merdeka, the day that Malaysia became independent from Great Britain in 1957. On Hari Merdeka, a grand parade is held, and the Royal Malaysian Air Force flies overhead. There are fireworks, and a flag-raising ceremony at midnight.

Music, dancing, great food, fireworks, parades, and patriotic colors—in each country, Independence Day proudly celebrates a nation's birth.

En Malasia, el 31 de agosto se llama Hari Merdeka, el día en que Malasia se independizó de Gran Bretaña en 1957. En Hari Merdeka, se celebra un desfile y la Real Fuerza Aérea de Malasia ejecuta maniobras aéreas. Hay fuegos artificiales y, a medianoche, una ceremonia en que se iza la bandera.

Con música, bailes, buena comida, fuegos artificiales, desfiles y colores patrios, en cada país se celebra con orgullo el Día de la Independencia, el día del nacimiento de la nación.

FURTHER READING/LECTURAS RECOMENDADAS

Books

Heiligman, Deborah. *Celebrate Independence Day.* Washington, D.C.: National Geographic, 2007.

Mercer, Abbie. *Happy 4th of July.* New York: PowerKids Press, 2008.

Murphy, Patricia J. *Canada Day.* New York: Children's Press, 2002.

Torres, Eliseo "Cheo," and Timothy L. Sawyer Jr. *Stories of Mexico's Independence Days and Other Bilingual Children's Fables.* Albuquerque: University of New Mexico Press, 2005.

En Español

Ansary, Mir Tamim. *El Día de la Independencia (Historias de fiestas).* Chicago: Heinemann Library, 2009.

Works Consulted

El Grito: "The Cry"
http://www.mexconnect.com/articles/2825-el-grito-the-cry

Helene Henderson. Holiday Symbols and Customs. Detroit: Omnigraphics, 2009.

Independence Day
http://www.123independenceday.com.

Israel's Independence Day
http://www.knesset.gov.il/docs/eng/megilat_eng.htm

Jamaican Independence Day
http://www.jis.gov.jm/special_sections/Independence/symbols.html

Krupuk Eating Contest in Indonesia
http://www.youtube.com/watch?v=fjxP--lSUtg&translated=1

Mexican Independence Day
http://www.inside-mexico.com/featureindep.htm

Prendergast, Christopher. *The Fourteenth of July.* London: Profile Books, 2008.

Read, Anthony. *The Proudest Day: India's Long Road to Independence.* New York: W. W. Norton, 1998.

On the Internet for Kids

Bastille Day: French Independence Day
http://www.socialstudiesforkids.com/articles/holidays/bastilleday.htm

Brain Pop: The Declaration of Independence
http://www.brainpop.com/socialstudies/ushistory/declarationofindependence/

Congress for Kids: The Declaration of Independence
http://www.congressforkids.net/Independence_declaration_1.htm

Indian Republic Day
http://www.kidswebindia.com/republicday.php

En Internet

America.gov: "Día de la Independencia de Estados Unidos"
http://www.america.gov/st/.../2009/.../20070607172139fjm0.8222925.html

Brain Pop Español: The Mexican Revolution.
http://esp.brainpop.com/category_46/subcategory_453/subjects_4564/

Independencia de la India
http://www.laguia2000.com/india/188

INDEX/ÍNDICE